DIESES **BUCH** GEHÖRT

_____

_____

DAS NATUR-MITMACHBUCH

WILDE TIERE
IN DER STADT

Sophia Kimmig
Lucie Göpfert

DAS NATUR-MITMACHBUCH

WILDE TIERE
IN DER STADT

RÄTSELN,
WISSEN,
STICKERN!

EMF

EIN BUCH DER
EDITION MICHAEL FISCHER

ÜBER DEN INHALT

🏠 WO DIE WILDEN TIERE LEBEN 8

Die Stadt als Lebensraum   10

🌱 TIERE AUF DEM LAND   29

Der Rotfuchs	30
Baue einen Spurenteppich	31
Tierspuren	32
Das Eichhörnchen	34
Gut versteckt	35
Strategien gegen Kälte	36
Die Schwarze Wegameise	38
Schreibe ein Feldprotokoll	39
Tierische Baumeister	40

☁️ TIERE IN DER LUFT   14

Die Erdhummel	16
Baue ein Insektenhotel	17
Fleißige Helfer	18
Der Mauersegler	20
Bastel einen Kompass	21
Rekordverdächtig!	22
Der Haussperling	24
Vögel erkennen	25
Alle Vögel sind schon da?	26
Wer versteckt sich hier?	28

🔥 TIERE AM WASSER 42

Gemeinsamer Lebensraum 43

Die Erdkröte 44

Mach den Wassertest! 45

Entwicklungszyklen 46

Das Blässhuhn 48

Federleichtes Wandbild 49

„Kleidung" im Tierreich 50

Die Libelle 52

Farben sammeln 53

Farben im Tierreich 54

🌍 VERLUST DER VIELFALT 56

Flucht in die Stadt 57

Klimawandel 58

Im Wandel 60

Lösungen 62

Jedes Kapitel enthält spannende Infos, Rätsel und Projekte für dich!

DIESE AKTIVITÄTEN
ERWARTEN DICH IM BUCH!

ES WIRD GESTICKERT ...

... GEBAUT

...UND GERÄTSELT!

Die Auflösung zu den Rätseln findest du auf den Seiten 62 und 63.

MIT VIELEN SPANNENDEN FAKTEN UND ⭐ **TIPPS**

WILLKOMMEN IN DER STADT!

Hier gibt es viele verschiedene Gebäude wie Wohnhäuser, Geschäfte, Schulen oder Büros. Auch Straßen und Plätze gibt es und natürlich die Bewohner*innen der Stadt.

In der Stadt leben aber nicht nur Menschen, sondern auch viele Wildtiere. Denn zwischen Häusern und Beton locken Stadtparks, Friedhöfe und andere Grünflächen mit einer bunten Vielfalt an Blumen, Hecken und Bäumen. Von kleinen Insekten im Boden unter unseren Füßen über Mäuse, die durchs Gras wuseln, bis zu Greifvögeln, die über die Dächer segeln – überall gibt es wilde Tiere in der Stadt. Mal sehen, ob du sie findest!

Entdecke Wildtiere am Boden, auf dem Wasser und in der Luft und setze selbst Tiere dazu, indem du den Stickerbogen aus diesem Buch nutzt. Lerne einige Tierarten, die in der Stadt leben, wie das Eichhörnchen oder den Mauersegler näher kennen und werde selbst aktiv: Zum Beispiel wenn du einen Kompass bastelst, Tierspuren sichtbar machst oder Farben sammelst. Außerdem findest du spannende Informationen und Tipps für Aktivitäten.

Viel Spaß dabei! *Deine Sophia*

ÜBER DIE AUTORIN:

Sophia Kimmig, geboren 1988, ist Wildbiologin und erforscht, wie sich Wildtiere an sich verändernde Lebensbedingungen anpassen. Seit ihrer Kindheit treibt sie ihre große Neugierde und eine tiefe Faszination für die Natur an.

WO DIE WILDEN TIERE LEBEN

Die Stadt steckt voller Tiere!

WILLKOMMEN IN DER STADT

Musst du bei Wildtieren wie Hase, Igel, Fuchs oder Wildschwein auch an wilde Wiesen und dichte Wälder denken? Das geht vielen Menschen so. Trotzdem leben diese Wildtiere und viele weitere Tierarten in der Stadt. Manchmal sogar mehr von ihnen als auf dem Land. Wildtiere zwischen all den Häusern, Straßen und Beton? Kaum zu glauben, aber in Großstädten gibt es mehr unterschiedliche Säugetier- und Vogelarten an einem Ort als irgendwo sonst im Land. Und nicht nur dort: In jeder Stadt und jedem Dorf gibt es wilde Nachbarn, auch bei dir. Oft bemerken wir sie nicht, weil wir nicht darauf achten. Doch sie sind mitten unter uns.

DIE STADT ALS LEBENSRAUM

In Städten gibt es vieles, was Wildtieren das Leben schwer macht. Warum leben trotzdem so viele Tiere dort? Weil die Stadt auch einige Vorteile bereithält.

Kannst du dir denken, welche dieser Dinge welchem Tier Probleme bereiten? Verbinde die Bilder.

NACHTEILE

Lärm: Donnernde Lastwagen, quietschende Züge, Baustellenlärm und viele weitere Geräuschquellen verursachen Krach, und viele Tiere haben deutlich empfindlichere Ohren als wir.

Verschmutzung: Müll, Reifenabrieb, Stickstoff und andere menschliche Hinterlassenschaften sind ein Problem. Zusätzlich beeinflusst das künstliche Licht in der Nacht die Navigation und den Tag-Nacht-Rhythmus von Tieren.

Hindernisse: Häuser, Zäune und andere Bauwerke zerteilen die Landschaft. Das ist für kleine Arten auf dem Boden sehr schwierig. Besonders gefährlich sind für viele Tiere die Fensterscheiben unserer Gebäude und der Straßenverkehr.

Hektik und Menschen: In der Stadt verändert sich ständig etwas. Unsere Anwesenheit bedeutet Stress für die meisten Wildtiere, denn häufig gehört der Mensch zu ihren Feinden.

VORTEILE

Vielfalt: Während auf dem Land auf riesigen Feldern die immer gleichen Pflanzen wachsen, herrscht in der Stadt mehr Vielfalt. Es gibt Parks, Stadtwälder, Friedhöfe, Brachflächen und viele kleine Naturflecken. Hier wachsen und blühen das ganze Jahr hindurch verschiedene Pflanzen.

Nahrung: Durch die Vielfalt gibt es mehr Insekten und andere Kleinstlebewesen. Diese werden wiederum von vielen Vögeln und anderen Tieren gefressen. Fallobst und Komposthaufen in unseren Gärten sowie der Müll, den wir Menschen überall hinterlassen, lockt einige Tiere an.

Nisten: In der Stadt finden einige Tiere mehr Nistmöglichkeiten als auf dem Land. Sie bauen ihre Nester beispielsweise in alte Dachgiebel und Mauerritzen oder verstecken sich in Gärten. Manche Tiere mögen es auch, dass es in der Stadt etwas wärmer ist als auf dem Land.

WILDE NACHBARN

Warum gibt es nur bestimmte Tiere in der Stadt? Nicht alle Tiere können in Städten leben. Manche sind zu groß, um sich dort gut verstecken zu können. Andere brauchen große, zusammenhängende Naturbereiche, um sich wohlzufühlen, oder benötigen ganz spezielle Nahrungsquellen. Besonders gut kommen die Tierarten zurecht, die viele unterschiedliche Dinge fressen und sich gut verstecken oder in der Stadt bewegen können.

Feldhamster sind Einzelgänger und reagieren sehr empfindlich auf Veränderungen und Stress.

Blaumeisen können in Mauer-ritzen brüten und finden wärmere Temperaturen gut.

Rothirsche sind scheue, bis zu 200 kg schwere Tiere und leben in Gruppen.

Wanderratten fressen Abfälle und sind echte Überlebenskünstler.

Kiebitze sind selten geworden und bevorzugen Feuchtwiesen und Moore.

Luchse erreichen bis zu 70 cm Schulterhöhe und brauchen große, zusammenhängende Lebensräume.

Waschbären sind ziemlich tough und können super klettern.

Welche dieser Tiere leben in der Stadt und welche nur auf dem Land? Nutze für die Antwort die Hinweise zu den Eigenschaften der Tiere. Markiere das Feld mit einem Haus oder einem Baum vom Stickerbogen.

TIERE IN DER LUFT

Sieh mal, hier sind einige Wildtiere unterwegs! Wenn du genau hinsiehst, kannst du sie finden. Einige fliegende Stadtbewohner scheinen aber noch zu fehlen. Kannst du das Bild vervollständigen?

WIRF MAL EINEN BLICK NACH OBEN

Wildtiere lassen sich in der Stadt unter anderem in der Luft entdecken. Am Himmel, über Häusern und Dächern, fliegt so mancher Vogel. Aber nicht nur hoch oben, sondern auch direkt vor uns wimmelt es in der Luft vor Lebewesen.

In den Abendstunden ziehen Fledermäuse ihre Kreise auf der Suche nach leckeren Nachtschwärmern. Dazu gehören Motten und andere Insekten, die man häufig im Licht der Straßenlaternen fliegen sieht. Doch auch am Tag summt und brummt es im Luftraum der Stadt, und Bienen, Falter, Singvögel und ihre wilden Nachbarn gehen ihrem Tagwerk nach.

DIE ERDHUMMEL

Die Dunkle Erdhummel ist eine der plüschigen Stadtpilotinnen, die wir häufig beobachten können.

Sie ernährt sich ausschließlich von Nektar und Pollen (Blütenstaub) verschiedener Blüten. In der Stadt zum Beispiel von Wildblumen, Klee, Sträuchern wie Holunder oder Obstbäumen im Garten, wie Apfel, Kirsche oder Pflaume.

MINIATUR-TORNADOS:

Hummeln schlagen bis zu 200 Mal pro Sekunde mit den Flügeln. Durch die blitzschnelle, kreisförmige Bewegung entsteht ein Luftwirbel, und die Hummel bekommt Auftrieb.

POLLENHÖSCHEN:

Hummeln und andere Bienen transportieren Pollen in speziellen Halterungen an den Hinterbeinen. Der Staub wird aus dem Fell an die entsprechende Stelle am Schienbein gekämmt.

WISSENSCHAFTLICHER NAME: Bombus terrestris

GRÖSSE: 16 mm

GEWICHT: etwas mehr als 1 g

LEBENSERWARTUNG: Wenige Wochen bis Monate

BESONDERHEIT: Bildet Staaten mit Königinnen und Arbeiterinnen

Wildbienen und andere Insekten wohnen normalerweise nicht in Hotels. Sie bauen zum Beispiel eigene Bauwerke wie die kunstvollen Nester der Wespen, die sie aus einer papierartigen Masse herstellen, in dem sie altes Holz zerkauen. Oder sie nutzen Hohlräume in Pflanzen, Steinen oder Erde.

Wenn du Insekten, wie der Hummel, helfen willst, kannst du ihnen Nistplätze anbieten. Bastel sie einfach selbst:

BAUE EIN INSEKTEN-HOTEL

DAS BRAUCHST DU:

→ Eine leere Konservendose (ohne Deckel)

→ Einige hohle Bambushölzer oder andere verholzte Pflanzenstiele

→ Eine feine Säge oder Gartenschere

→ Acrylfarbe und einen Pinsel

→ Feile

1 Kürze die Hölzer auf eine einheitliche Länge, passend zur Dose. Für diesen Schritt solltest du dir Hilfe von einem Erwachsenen holen.

2 Feile die Enden der Hözer mit deiner Feile, damit die Insekten ihre Flügel nicht verletzen.

3 Stecke die Hölzer mit der offenen Seite nach oben in deine Dose, bis sie dicht bepackt ist und die Hölzer fest sitzen. Wenn du magst, kannst du die Dose nun farbig anmalen.

4 Nun brauchst du dein selbst gebautes In-sektenhotel nur noch draußen aufzuhängen.

FLEIßIGE HELFER

Hummeln gehören zu den Wildbienen und sind wichtige Bestäuber für Kulturpflanzen, vor allem für Tomaten und Erdbeeren.

Viele Pflanzen brauchen Bestäuber, um sich zu vermehren. Auch wenn Menschen einige Bienenarten zu Nutztieren gemacht haben, wie unsere Honigbiene, sind die meisten Bestäuber Wildtiere wie Wildbienen, Schmetterlinge oder Schwebfliegen.

Ohne Bestäuber würde es auf unseren Tellern ganz schön leer aussehen. Schau dir dieses leckere Frühstück an. Was glaubst du, bei welchen Lebensmitteln hatten Bestäuber ihre Fühler im Spiel? Klebe drei Bienen als Beispiel ein.

 **TIPP**

Hast du zu Hause einen Garten oder Balkon? Dann bepflanze ihn doch mit bienenfreundlichen Blumen. Achte darauf, die Blumen so auszusuchen, dass das ganze Jahr etwas blüht. So hilfst du den Bienen, immer Nahrung zu finden.

SCHON GEWUSST?

Nicht nur Bienen oder Insekten bestäuben unsere Pflanzen. Weltweit sind auch Fledermäuse, Flughunde, Nagetiere, Nektarvögel, Kolibris und Beuteltiere wie der Kurzkopfgleitbeutler als Bestäuber aktiv.

DER MAUERSEGLER

Von April bis Juli kannst du besonders in den Abendstunden den König der Lüfte am Himmel sehen. Der Mauersegler nutzt in der Stadt Hohlräume an alten Gebäuden, um zu brüten. Die Wintermonate verbringt er im südlichen Afrika, den Rest des Jahres benötigt er für den weiten Weg zwischen Sommer- und Winterquartier.

WINDSCHNITTIG:

Kurzer, runder Kopf und extrem lange Handschwingen. Der Körper des Mauerseglers ist hervorragend an das Fliegen angepasst.

WISSENSCHAFTLICHER NAME:
Apus apus

GRÖSSE: 16 cm Länge

GEWICHT: 38 g

LEBENSERWARTUNG: bis zu 20 Jahre

BESONDERHEIT: frisst, trinkt und schläft sogar im Flug

LUFTIKUS:

Der wissenschaftliche Name des Mauerseglers bedeutet „ohne Füße". Ohne Füße ist er zwar nicht wirklich, aber seine Beine sind sehr kurz. Der Vielflieger braucht seine kurzen, aber kräftigen Füße nur selten, zum Beispiel wenn er sich an Mauerritzen festhalten muss, in denen er brütet.

Mauersegler ziehen nach Süden. Aber woher wissen sie, wo das ist? Das Magnetfeld der Erde hilft Vögeln, die richtige Richtung auszumachen. Zur Orientierung nutzen sie außerdem den Sternenhimmel, den Sonnenstand und Landmarken, also Auffälligkeiten in der Landschaft wie Berge oder Flüsse.

Weißt du, wo Süden ist? Baue einen Kompass und finde es heraus!

BASTEL EINEN KOMPASS

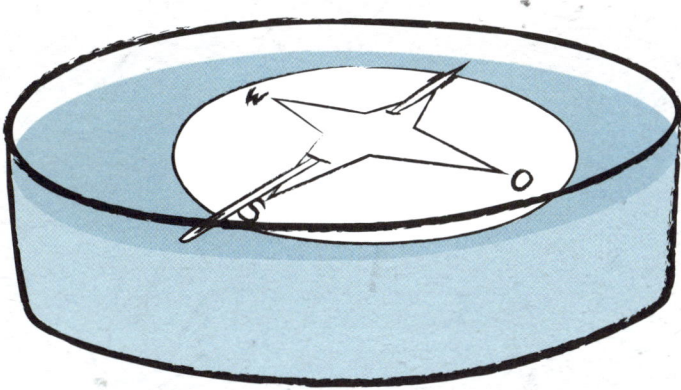

DAS BRAUCHST DU:

→ Ein Stück Pappe oder festes Papier

→ Einen Filzstift oder den Kompass-Sticker aus dem Bogen

→ Eine Nadel

→ Einen Magneten

→ Eine Schale mit Wasser

1 Schneide aus dem Papier einen Kreis und schreibe die Himmelsrichtungen darauf oder nutze den Sticker.

2 Nimm die Nadel und reibe sie für 2 Minuten mit der Spitze am Nordpol deines Magneten.

3 Steche die Nadel so durch deinen Papierkompass, dass die Nadelspitze auf das N zeigt.

4 Nun brauchst du deinen selbst gebauten Kompass nur noch aufs Wasser legen.

REKORD-
VERDÄCHTIG!

Das Zugverhalten der Vögel ist beeindruckend. Sie ziehen Tausende von Kilometern um den Globus und fliegen dabei teils in schwindelerregenden Höhen.

Achte mal darauf, wie lange du brauchst, um wenige Kilometer zu Fuß zu gehen, zum Beispiel bei einem Spaziergang. Und dann stelle dir vor, du würdest den gleichen Weg tausend Mal gehen.

SINGSCHWAN:

Schnell: In ca. **8.000 m** Höhe und mit Rückenwind erreichen sie eine Geschwindigkeiten von über **120 km/h**.

STREIFENGANS:

Hoch: Die meisten Vögel fliegen in einigen Hundert Meter Höhe. Wenn Streifengänse aber das Himalaja-Gebirge überqueren, können sie bis zu **9.000 m** erreichen.

KÜSTENSEESCHWALBE:

Weit: Den Langstreckenrekord hält die Küstenseeschwalbe, die mit Hin- und Rückflug über **40.000 km** zwischen der Arktis und der Antarktis zurücklegt.

SCHON GEWUSST?

Nicht nur Vögel ziehen zwischen Winter- und Sommerquartieren hin und her. Auch andere Arten, wie Fledermäuse und sogar Libellen und Schmetterlinge, legen teils weite Strecken zurück.

Der Monarchfalter zieht in großen Schwärmen um die 4.000 km von Nordamerika nach Mittelamerika.

⭐ TIPP

Im Januar veranstaltet der NABU die „Stunde der Wintervögel" und im Mai die „Stunde der Gartenvögel". Im ganzen Land werden innerhalb einer Stunde alle beobachteten Vögel notiert. Mach doch auch mit!

Du hast die Aktionen verpasst? Macht nichts, sie finden jedes Jahr statt, und bis es wieder so weit ist, kannst du ja schon mal üben und von März bis Oktober die Mönchsgrasmücke zählen.

DER HAUSSPERLING

Der Haussperling wird oft „Spatz" genannt und ist ein typischer Stadtbewohner. Schon seit über 10.000 Jahren leben die Vögel in der Nähe der Menschen (das nennt man Kulturfolger).

IM SCHWARM:

Spatzen sind sehr soziale Vögel, sie leben in Schwärmen, fressen und schlafen zusammen. Häufig kann man das laute Gezwitscher der Spatzentrupps aus Hecken tönen hören.

WISSENSCHAFTLICHER NAME:

Passer domesticus

GRÖSSE: 14–16 cm

GEWICHT: 30 g

LEBENSERWARTUNG: 3 Jahre

BESONDERHEIT: Spatzen baden häufig und ausgiebig

FEDERPFLEGE:

Kennt ihr den Ausdruck „Dreckspatz"? Spatzen baden nicht nur im Wasser, sondern auch in Sand. Die Sandkörnchen reinigen das Gefieder von Parasiten, und Spaß scheint das Baden auch zu machen.

Im Flug können wir oft nur die Silhouette, also den Umriss der Vögel, am Himmel sehen. Einige Vögel lassen sich anhand ihrer Form unterscheiden.

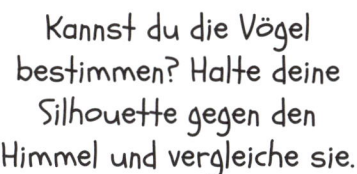

Kannst du die Vögel bestimmen? Halte deine Silhouette gegen den Himmel und vergleiche sie.

VÖGEL ERKENNEN

DAS BRAUCHST DU:

→ Butterbrotpapier

→ Fotokarton

→ Schere und Stift

① Nimm ein Blatt Butterbrotpapier, pause die Silhouette links ab und übertrage sie auf Fotokarton.

② Beschrifte jede Silhouette mit dem jeweiligen Vogelnamen.

③ Schneide die Vögel aus und nimm sie beim nächsten Ausflug mit nach draußen.

ALLE VÖGEL SIND SCHON DA?

Nun, nicht alle. Aber eine ganze Menge! Zum Beispiel Amsel, Drossel, Fink und Star aus dem berühmten Kinderlied.

Der Gesang eines Vogels ist charakteristisch für seine Art, das heißt, jede Vogelart singt andere Melodien und Strophen. So können geübte Naturbeobachter (und Zuhörer) viele Vogelarten an ihrem Gesang unterscheiden. Auch die Uhrzeit, zu der Vögel singen, unterscheidet sich.

Versuche, diese Vögel draußen mit Augen und Ohren zu entdecken. Mithilfe der Noten vom Stickerbogen kannst du markieren, wen du schon entdeckt hast!

Singdrossel

Hausrotschwanz

Stieglitz

Amsel

Star

Blaumeise

12

11

1

Gartenrotschwanz
80min | Apr – Jul

Hausrotschwanz
70min | Mär – Jul

10

2

Buchfink
10min
Feb – Jul

Rauchschwalbe
60min | Apr – Jul

Star
15min
Jan – Sep

9

Grünfink
15min
Jan – Jul

3

Singdrossel
55min | Feb – Jul

Stieglitz
20min
Feb – Jun

Amsel
45min
Feb – Jul

Kohlmeise
30min
Jan – Jun

8

Rotkehlchen
50min
Feb – Jul

4

Goldammer
45min
Feb – Jun

Zaunkönig
40min
Feb – Jul

7

Blaumeise
35min
Jan – Jun

5

6

SCHON GEWUSST?

Ist dir schon mal aufgefallen, dass die Menschen in verschiedenen Regionen Deutschlands unterschiedlich sprechen? So klingen zum Beispiel Menschen in Schleswig-Holstein häufig anders als in Bayern oder Sachsen. Solche regionalen Unterschiede in der Sprache nennen wir Dialekte. Doch nicht nur Menschen sprechen Dialekt. Auch Vögel sprechen – oder singen – regional unterschiedlich.

⭐ TIPP

Stellt euch als Familie doch mal den Wecker vor Sonnenaufgang und macht einen Spaziergang. Dann könnt ihr die Vögel nach und nach aufstehen und singen hören.

WER VERSTECKT SICH HIER?

Während einem Füchse auch mal auf dem Gehweg begegnen, sind Igel im Gebüsch unterwegs, und Steinmarder streifen durch ihr Revier – überall schnüffelt und raschelt es. Wo tagsüber Menschen die Stadt bevölkern, sind jetzt in der Nacht einige Wildtiere unterwegs. Die meisten Säugetiere sind nachtaktiv, daher sehen wir sie nur, wenn wir in der Dämmerung oder Dunkelheit draußen sind. Eine rot bepelzte Ausnahme ist das Eichhörnchen, das man im Stadtpark von Baum zu Baum flitzen oder in den Ästen turnen sehen kann.

Sieh mal, hier sind einige Wildtiere unterwegs! Wenn du genau hinsiehst, kannst du sie finden. Einige Stadtbewohner scheinen aber noch zu fehlen. Kannst du mit Stickern das Bild vervollständigen?

TIERE AUF DEM LAND

DER ROTFUCHS

Der Rotfuchs ist einer der größten wilden Stadtbewohner. Rotfüchse lebten schon lange in der Nähe des Menschen und seit einiger Zeit auch mitten in unseren Städten. In der Stadt gibt es auf gleicher Fläche sogar viel mehr Füchse als auf dem Land. Das liegt daran, dass es hier so viel Futter und Verstecke gibt. Viele Stadtfüchse leben in Gruppen aus mehreren Familienmitgliedern. Sie sind sehr sozial und spielen gerne.

SCHUHDIEB:

Elstern wird häufig nachgesagt, sie würden stehlen, was aber gar nicht stimmt. Füchse „stehlen" tatsächlich, und zwar besonders gerne Schuhe. Sie nutzen sie als Kauspielzeug. Allerdings wissen sie natürlich nicht, dass diese Dinge jemandem gehören.

KATZENHUND:

Rotfüchse sind auf die Mäusejagd spezialisiert. Obwohl sie biologisch zu den Hunden gehören, haben sie daher viele Merkmale mit unseren Hauskatzen gemein. Zum Beispiel ihre grazile Statur und die schrägen Pupillen.

WISSENSCHAFTLICHER NAME: Vulpes vulpes

GRÖSSE: 60–75 cm (ohne Schwanz)

GEWICHT: 5–7 kg

LEBENSERWARTUNG: etwa 9 Jahre

BESONDERHEIT: kann klettern und balancieren

Manchmal sehen wir Tierspuren zufällig im Schlamm oder Sand. Man kann die Spuren aber auch selbst sichtbar machen. Mithilfe eines Spurenteppichs kannst du sehen, wer sich bei dir im Garten, Park oder Hinterhof so herumtreibt.

Wer war heute Nacht zu Besuch an deiner Futterstelle?

BAUE EINEN SPURENTEPPICH

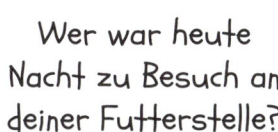

DAS BRAUCHST DU:

→ Feinen Sand

→ Ein Brett (zum Beispiel 1 x 1m)

→ Köderfutter (Igelfutter aus dem Zoofachgeschäft) und einen flachen Teller

1 Lege die Holzplatte auf einen ebenen Untergrund. Suche eine Stelle aus, an die kein Wind und kein Regen kommt.

2 Bestreue nun die Holzplatte mit dem Sand. Diese sollte ca. 1–2 cm hoch sein.

3 Stelle in die Mitte der Platte einen flachen Teller mit deinem Köderfutter.

4 Schaue am nächsten Morgen nach, welche Spuren im Sand hinterlassen wurden.

TIERSPUREN

Wildtiere, wie den Fuchs, sehen wir nicht direkt, aber wir können die Spuren finden, die sie hinterlassen. Auch in der Stadt gibt es viele Tierspuren zu entdecken. So können wir indirekt auch Tiere sehen, die wir gar nicht bemerkt haben, zum Beispiel weil sie nachtaktiv sind. Neben Fußabdrücken gehören auch Fraßspuren, Kratzspuren, Gewölle, Markierungen oder Kot zu den Spuren der Tiere.

Ratte

Eichhörnchen

Igel

Fuchs

⭐ TIPP

Wenn es das nächste Mal schneit, schnapp dir warme Sachen und gehe raus auf Spurensuche. Im frischen Schnee lassen sich die Abdrücke der Tiere besonders gut entdecken.

Hier sind einige Tiere über die Seite gelaufen und gesprungen. Dabei ist aber einiges durcheinandergeraten. Weißt du, wem welche Spur gehört?

Steinmarder

Feldhase

Waschbär

SCHON GEWUSST?

Füchse treten beim Laufen immer in ihre eigenen Pfoten-Abdrücke. Dadurch entsteht eine Abfolge einzelner Fußspuren, die wie an einer Schnur aufgereiht sind (ein bisschen so, als wäre der Fuchs auf einem Bein gehüpft). Daher nennt man diesen Gang „schnüren".

DAS EICHHÖRNCHEN

Eichhörnchen kann man besonders gut beobachten, da sie tag-aktiv sind. Sie sind flinke Allesfresser, die ihr Leben überwiegend in den Bäumen verbringen. Dort können sie sich blitzschnell von Ast zu Ast bewegen. Ihr buschiger Schwanz hilft ihnen bei ihren tollkühnen Klettermanövern, das Gleichgewicht zu halten. Ihre kugelförmigen Nester nennt man Kobel.

KOPFÜBER:

Auch wenn sie putzig aussehen, Eichhörnchen sind echte Kraft-pakete. Als Kletterer haben sie starke Muskeln und lange Krallen. So können sie sogar mit dem Kopf voran an Bäumen abwärtsklettern.

WISSENSCHAFTLICHER NAME:
Sciurus vulgaris

GRÖSSE: etwa 20 cm (ohne Schwanz)

GEWICHT: 200–400 g

LEBENSERWARTUNG: etwa 3 Jahre

BESONDERHEIT: trägt im Winterfell lange Ohrenpinsel

EINGEKUSCHELT:

Der flauschige Eichhörnchen-schwanz dient nicht nur als Steuerhilfe. Er kann auch als kuschelige Bettdecke genutzt werden, wenn sich die Eichhörnchen einrollen und damit zudecken.

Eichhörnchen halten keinen Winterschlaf. Da es im Winter viel weniger Nahrung zu finden gibt, müssen sie vorsorgen. Daher legen sie viele kleine Verstecke mit Vorräten aus Nüssen an, an denen sie sich an Schlechtwettertagen bedienen. Bei Tausenden versteckten Samen und anderen Leckereien brauchen Eichhörnchen ein gutes Gedächtnis, um ihre Verstecke wiederzufinden. Und wenn mal ein Versteck nicht wiedergefunden wird? Dann wachsen aus den versteckten Samen und Nüssen neue Pflanzen.

Meinst du, du kannst mit den Eichhörnchen mithalten? Finde es heraus!

GUT VERSTECKT

DAS BRAUCHST DU:

→ Einige Kastanien

→ Einen Permanentmarker oder wasserfesten Stift

1 Sammle im Herbst einige Kastanien. Vielleicht hast du ja auch schon welche zu Hause?

2 Nimm den Stift und beschrifte die Kastanien. Du kannst sie nummerieren oder auch Buchstaben oder Symbole darauf schreiben.

3 Verstecke die Kastanien draußen, zum Beispiel im Wald, im Park, im Garten oder im Hinterhof.

4 Warte einige Tage, und dann versuche die Verstecke wiederzufinden. Je länger du wartest, desto schwieriger ist es.

STRATEGIEN GEGEN KÄLTE

Während Eichhörnchen Vorräte anlegen und Winterruhe halten, haben andere Tierarten eigene Strategien entwickelt, um die kalte Jahreszeit zu überstehen.

Amphibien, Reptilien und Insekten können ihre Körpertemperatur nicht selbstständig regulieren. Wenn es kalt wird, fallen sie in **Winterstarre**. Ein körpereigener Frostschutz verhindert dabei, dass sie einfrieren. Einige Fische verharren regungslos am Gewässergrund.

Igel, Siebenschläfer und Fledermäuse halten **Winterschlaf**. Im Winterschlaf sinkt die Körpertemperatur ab, alles läuft auf Sparflamme. Sogar Herzschlag und Atmung sind verlangsamt: Ein Igel-Herz schlägt dann statt 200 nur noch fünf Mal pro Minute. Bei Fledermäusen kann zwischen zwei Atemzügen mehr als eine Stunde vergehen. Das spart Energie.

Maulwurf, Dachs und Waschbär halten **Winterruhe**. Ihr Körper wird nicht so stark heruntergefahren wie im Winterschlaf. Dennoch ist im Winter alles etwas gemächlicher. Die Tiere schlafen viel und sind nur gelegentlich aktiv, um etwas zu fressen.

SCHON GEWUSST?

Auch Tiere, die Winterschlaf halten, schlafen nicht die ganze Zeit. Sie wachen ab und zu auf. So können sie zum Beispiel mal kurz „aufs Klo gehen".

⭐ TIPP

Wenn du den Tieren beim Überwintern helfen willst, solltest du sie nicht füttern. Besser ist, ihre Umgebung tierfreundlich zu gestalten. Bau doch mal einen Laub- oder Reisighaufen, darüber freut sich beispielsweise der Igel. Oder hänge Fledermausboxen auf.

Es ist Winter. Kannst du die Tiere ihren Verstecken zuordnen und die passenden Sticker einkleben?

DIE SCHWARZE WEGAMEISE

Es gibt über 100 Ameisenarten in Deutschland. Sie leben in Staaten mit Königinnen und Arbeiterinnen, auch in der Stadt. Zum Beispiel die schwarze Wegameise. Man findet sie unter Steinen, in Baumrinde, im Rasen, in Mauerspalten, und auch in Häuser dringt sie gelegentlich vor.

IMMER DER NASE NACH:

Ameisen kommunizieren mithilfe von Duftstoffen. Kundschafter stoßen diese beispielsweise unterwegs aus und zeigen so anderen Ameisen, wo sie langgehen müssen.

KLEINE FARMER:

Ameisen betreiben, ähnlich wie wir Menschen, eine Art „Vieh- und Landwirtschaft": So hüten sie beispielsweise Blattläuse, deren Honigtau sie melken.

WISSENSCHAFTLICHER NAME: Lasius niger

GRÖSSE: 1–5 mm (Arbeiterinnen)

GEWICHT: 1–5 mg (das ist ein tausendstel Gramm)

LEBENSERWARTUNG: 3 Jahre

BESONDERHEIT: kann ein Vielfaches ihres eigenen Gewichts tragen

Ameisen sind so klein, dass sie uns häufig nur auffallen, wenn sie in größeren Zahlen unterwegs sind oder wir ihre Ameisenhügel entdecken.

Außerdem gibt es viele weitere kleine und krabbelnde, wilde Stadtbewohner, beispielsweise Käfer, Spinnen und Wanzen.

Verändere doch mal deinen Blickwinkel und achte auf die kleinen Tiere um dich herum. Nimm dir eine Lupe und ziehe los. Halte deine Entdeckungen in deinem Feldprotokoll fest.

SCHREIBE EIN FELDPROTOKOLL

DAS BRAUCHST DU:

→ Eine Lupe

→ Einen Schreibblock

→ Einen Stift

Dieses Tier habe ich beobachtet:

Wann?

Wo?

TIERISCHE BAUMEISTER

Ameisen sind hervorragende Baumeister. Sie tragen Zehntausende von Tannen- nadeln zu mannshohen Hügeln auf und bewegen Tonnen von Erdreich. Auch andere Tiere bauen beeindruckende, teils kunstvolle Nester und Baue.

⭐ **TIPP**

Falls du einen Garten oder Balkon hast, räu- me nicht immer alles auf. Alte Pflanzenteile dienen verschiedenen Tieren zum Nestbau oder als Versteck.

SCHON GEWUSST?

Afrikanische Webervögel bauen aufwendige Nester aus Blättern und Grashalmen, die sie filigran verflechten. Es gibt kugelige Einzelnester, aber auch riesige Gemeinschaftsnester, in denen bis zu 100 Brutpaare leben.

1

2

3

4

5

6

7

Sieh dir all die Bauwerke auf der gegenüberliegenden Seite an. Kannst du sie ihren jeweiligen Baumeistern zuordnen?

GEMEINSAMER LEBENSRAUM

An den Flüssen, Seen, Teichen und Tümpeln im Siedlungsraum ist so einiges los. Stockenten und Schwäne hast du bestimmt schon öfter gesehen, oder? Aber es gibt noch viel mehr zu entdecken. Auf dem Wasser tummeln sich verschiedene Entenarten, Fischreiher sitzen am Ufer und halten Ausschau, und Kormorane trocknen ihre Flügel in der Sonne. Wasserläufer flitzen über die Oberfläche, Libellen ziehen ihre Kreise durchs Schilf, und ab und zu ist ein Quaken vom Ufersaum zu hören.

DIE ERDKRÖTE

Eine Schönheit ist die Erdkröte vielleicht nicht, spannend ist sie aber allemal! Erdkröten sind Europas größte Krötenart und im Vergleich zu ihren bedrohten Verwandten, wie Rotbauchunke und Kreuzkröte, recht häufig.

Während diese unter Überdüngung der Gewässer, Trockenheit und Lebensraumverlust leiden, kommen Erdkröten dank geringer Ansprüche verhältnismäßig gut zurecht.

MASSENPRODUKTION:

Die Weibchen der Erdkröten produzieren bis zu 8000 Eier. Ganz schön viele! Während Eier und daraus schlüpfende Kaulquappen anderer Arten ein Leckerbissen für allerlei Tiere sind, sind sie bei der Erdkröte giftig.

BESCHWERLICHE REISE:

Wenn im Frühling nachts die Temperaturen steigen, beginnen die Kröten ihre Wanderungen zu ihren Laichgewässern, also dem Ort, an dem sie ihre Eier ablegen. Sie kehren in genau das Gewässer zurück, in dem sie selbst geschlüpft sind. Dabei legen sie teils einige Kilometer zurück.

WISSENSCHAFTLICHER NAME:
Bufo bufo

GRÖSSE: etwa 9–11 cm

GEWICHT: 30–100 g

LEBENSERWARTUNG: 10–12 Jahre

BESONDERHEIT: Weibchen sind deutlich größer und schwerer

Viele Amphibienarten, wie Frösche und Molche, sind stark bedroht. Das liegt wie bei vielen weiteren bedrohten Tierarten am Verlust geeigneter Lebensräume. Auch sauberes Wasser ist wichtig.

Wie sauber sind die Gewässer vor deiner Tür? Nimm Wasserproben und finde es heraus.

MACH DEN WASSERTEST!

DAS BRAUCHST DU:

→ Einige kleine Gefäße mit Deckel, zum Beispiel alte Marmeladengläser

→ Papier

→ Eine Schere

→ Einen Stift

→ Etwas Klebestreifen

→ Optional: PH-Teststreifen aus der Apotheke

1 Suche dir Gewässer in deiner Nähe, das können Teiche, Bäche aber auch Pfützen oder eine Regentonne sein.

2 Nimm eine Wasserprobe, indem du Gläschen eintauchst und dann verschließt. Vorsicht, nicht hineinfallen (wenn das Wasser nicht so leicht zu erreichen ist, bitte einen Erwachsenen um Hilfe).

3 Schneide kleine Etiketten aus dem Papier aus und beschrifte sie mit den Fundorten, zum Beispiel „Pfütze im Park". Beklebe deine Proben damit.

4 Zu Hause kannst du die Gläschen schütteln und schauen, wie trüb das Wasser ist. Wenn du sie eine Weile stehen lässt, setzen sich die Schwebteilchen ab. Vergleiche deine Proben miteinander.

Falls du magst, kannst du auch den Säuregehalt des Wassers bestimmen. Einfach einen PH-Teststreifen ins Wasser hängen und anhand der Farbe den Wert ablesen (sieht man auf der Packung).

ENTWICKLUNGS-ZYKLEN

Von der Kaulquappe zum Frosch – eine ganz schön große Veränderung, oder? Entwicklungen über verschiedene Erscheinungsformen sind für uns Menschen, die als Säuglinge grundsätzlich schon wie fertige Menschen aussehen, etwas fremdartig. Im Tierreich sind sie jedoch sehr häufig.

Hier ist einiges durcheinandergeraten. Kannst du die Entwicklungsstadien (1–6) des Froschs wieder in die richtige Reihenfolge bringen?

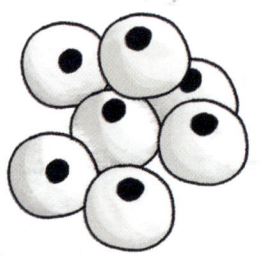

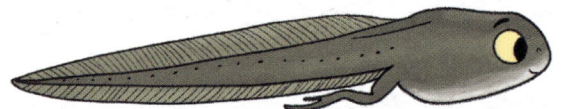

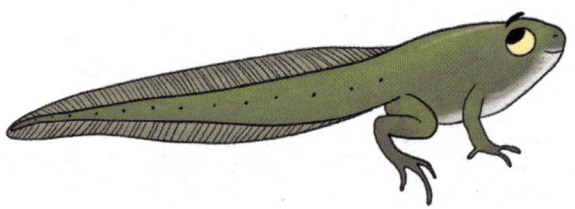

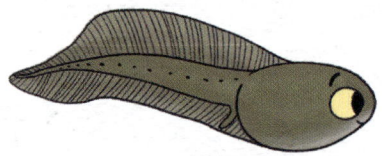

💡 SCHON GEWUSST?

Oft bemerken wir Menschen vor allem die „fertige" Form der Tiere, zum Beispiel den „Imago" genannten Falter beim Schmetterling oder die Libelle. Trotzdem leben die Tiere in dieser Form häufig nur kurz, der Großteil ihres Lebens findet im Larvenstadium statt. Schau mal oben, so entwickelt sich ein Ritterfalter.

⭐ TIPP

Die Wanderung der Kröten von ihren Überwinterungs-gebieten zu ihren Laichgewässern ist gefährlich. Häufig werden die Tiere überfahren. Der NABU und andere Naturschutzorganisationen suchen regelmäßig Frei-willige, die dabei helfen, die Kröten auf ihrem Weg zu unterstützen. Zum Beispiel mithilfe von Krötenzäunen oder dem Herübertragen von Tieren. Mach doch auch mal mit!

DAS BLÄSSHUHN

Das Blässhuhn hat viele Namen, zum Beispiel Blessralle, Wasserhuhn oder Taucherli. Blässhühner kann man, wie Stockenten, häufig in der Stadt beobachten. Ihr schwarzes Gefieder und das auffällige weiße Stirnschild (Blässe) über dem Schnabel machen sie leicht erkennbar. Sie fressen Pflanzenteile genauso wie kleine Weichtiere, Insekten oder Fische und sind gerne in Gruppen unterwegs.

ÜBERS WASSER LAUFEN:

Manchmal wirkt es so, als könnten Blässhühner übers Wasser gehen. Durch Schwimmlappen an den Füßen können sie über Seerosenblätter laufen, und häufig rennen die Tiere bei Flucht mit flatternden Flügeln auf der Wasseroberfläche.

WISSENSCHAFTLICHER NAME:
Fulica atra

GRÖSSE: etwa 40 cm

GEWICHT: etwa 800 g

LEBENSERWARTUNG: etwa 15 Jahre

BESONDERHEIT: kann super tauchen

NEST:

Männchen und Weibchen bauen gemeinsam am schwimmenden Nest. Während das Männchen Schilf und anderes Baumaterial holt, baut das Weibchen das Material ein. Im März werden dann 5-10 Eier mit rotbraunen oder schwarzen Pünktchen gelegt.

Vögel sind mit der Luft und dem Wasser in sehr verschiedenen Elementen unterwegs. Ihre Federn müssen sie in hohe Lüfte tragen und gleichzeitig beim Schwimmen und Tauchen trocken halten. Dafür sind die Federn eingefettet. Doch Federn sind nicht nur praktisch, sondern auch schön.

Aus Federn lassen sich schöne Dekorationen für zu Hause oder Geschenke basteln. Zum Beispiel mit Federn als Wandbild.

FEDERLEICHTES WANDBILD

DAS BRAUCHST DU:

→ Verschiedene Vogelfedern

→ Einen Bilderrahmen mit Glas oder Kunststoffscheibe

→ Dünnen Pappkarton oder starkes Papier

→ Klebestreifen, besonders gut eignen sich doppelseitige Fotoklebepads

❶ Sammle auf deinen Spaziergängen und Ausflügen Vogelfedern. Von weißen Schwanenfedern bis zu den leuchtend blauen Schmuckfedern des Eichelhähers oder den gestreiften Federn vieler Greifvögel gibt es eine große Vielfalt.

❷ Schneide das Papier oder den Karton passend zum Rahmen zurecht. Tipp: Auf dunklem Untergrund sehen viele Federn besonders schön aus.

❸ Platziere die Federn, wie es dir gefällt, und klebe sie fest. Du kannst auch etwas dazu malen oder schreiben.

❹ Nun brauchst du nur noch die Scheibe des Rahmens einsetzen und das Bild aufhängen oder aufstellen.

„KLEIDUNG" IM TIERREICH

Federn werden von der Haut der Vögel gebildet. Du kennst bestimmt den Ausdruck „federleicht", oder? Eine einzelne Feder ist tatsächlich leicht, das gesamte Gefieder eines Vogels wiegt aber etwa doppelt so viel wie sein Skelett.

Daunen oder Flaumfedern sind das Unterkleid des Vogelgefieders. In den Hohlräumen zwischen den flauschigen Fasern bilden sich Luftpolster, die den Vogel wärmen. Das Gefieder vieler Vogelküken besteht nicht aus Daunen, sondern aus einer Variante der Konturfedern.

Konturfedern sind die äußeren Deckfedern der Vögel. Sie haben einen langen Kiel und kräftige, ineinander verzahnte Fasern. Sie haben je nach Lage im Gefieder verschiedene Funktionen zum Beispiel als Steuerfedern oder Schwungfedern.

 **TIPP**

Schaut euch mal das Fell von euren Haustieren oder den Haustieren von Freunden genau an. Viele Tiere haben ein Oberfell aus längerem festem Deckhaar und ein weiches Unterfell, das man nur sieht, wenn man das Deckhaar teilt.

SCHON GEWUSST?

Federn gibt es schon sehr lange. Es gab sie wohl schon bei landlebenden Dinosauriern, und erst später in der Evolution entstanden Vögel, die diese Federn auch zum Fliegen nutzten. Das wissen wir durch Fossilien, also erhaltene Tierskelette oder Abdrücke von Tieren. Der Archaeopteryx hatte schon Flugfedern wie unsere heutigen Vögel, auch wenn er vor fast 145 Millionen Jahren lebte.

Das Fell von Säugetieren sieht zwar ganz anders aus als Vogelfedern, besteht aber aus dem gleichen Material, dem **Keratin**. Das gilt auch für unsere Kopfhaare und Nägel und für die Schuppen von Reptilien.

Weißt du, wem das abgebildete Gewand gehört? Ordne die passenden Tiere mithilfe der Sticker zu.

DIE LIBELLE

In unseren Städten gibt es viele verschiedene Libellenarten. In Berlin sind es beispielsweise 58. Libellen findet man vor allem an stehenden oder langsam fließenden Gewässern und dort, wo es Wasserpflanzen, Gebüsch und Röhricht gibt. Sie fressen Mücken, Fliegen und andere Insekten, die sie im Flug fangen. Libellen gibt es schon sehr lange. Fossile Abdrücke aus der Zeit der Dinosaurier zeigen, dass die Libellen damals schon aussahen, wie wir sie heute kennen.

ZEITLUPE:

Was für uns wie zwei große Augen aussieht, sind in Wahrheit viele kleine Augen, bei Libellen bis zu 30.000. Während unser Linsenauge schärfer sieht, sehen Insekten mehr Bilder pro Sekunde als wir. Unsere Bewegungen müssen ihnen dadurch wie in Zeitlupe vorkommen.

KLEINE HELIKOPTER:

Bestimmt habt ihr Libellen schon mal in der Luft „stehen" sehen. Das schaffen sie, weil sie ihre beiden Flügelpaare unabhängig voneinander bewegen können. Das erlaubt ihnen kunstvolle Flugmanöver und schnelle Richtungswechsel. Manche Arten können sogar rückwärtsfliegen.

WISSENSCHAFTLICHER NAME: Odonata

GRÖSSE: 4,5 cm Flügelspanne

GEWICHT: etwa 30 mg

LEBENSERWARTUNG: etwa 1 Jahr als Larve, wenige Wochen als erwachsene Libelle

BESONDERHEIT: wächst als Larve durch wiederholtes Häuten

Libellen gibt es in vielfältigen, schillernden Farben. Sind sie nicht wunderschön?

Farben haben in der Natur häufig eine große Bedeutung, und sie sind überall: grüne Blätter, bunte Blüten, Federn oder Kiesel.

Sammle bei den Ausflügen in die Natur vor deiner Haustür doch mal verschiedene Farben, wie in der Schatzkiste unten.

FARBEN SAMMELN

DAS BRAUCHST DU:

→ Ein Schatzkästchen. Du kannst eine Dose, ein Gläschen oder eine Kiste verwenden oder selbst eine Schachtel basteln

→ Einen wachen Blick und Spaß beim Sammeln

FARBEN IM TIERREICH

Farben sehen nicht nur hübsch aus, sie haben häufig auch eine Funktion in der Natur. Zum Beispiel helfen sie Blumen beim Anlocken von Bestäubern oder dienen der Tarnung von Tieren zum Schutz vor Feinden.

Manchmal machen Tiere nicht andere Tiere, sondern Teile ihres Lebensraums, wie Äste oder Blätter, nach. Das nennt man **Mimese**. Sie tun dann zum Beispiel so, als wären sie ein Blatt oder ein Ast. Das machen sie, um sich zu schützen oder um als gut getarnte Jäger ihre Beute zu überraschen.

Achtung giftig! **Warnfarben**, wie bei diesem Feuersalamander, sollen Räubern signalisieren „Ich bin ungenießbar". Oft sind solche Tiere giftig oder haben Stacheln und sind dadurch schwer bekömmlich. Wenn Räuber schlechte Erfahrung mit dem Fressen der Tiere machen, sind sie beim nächsten Mal gewarnt und verzichten lieber, wenn sie Warnfarben sehen.

Tiere mit Warnfarben sind nicht immer giftig. Manchmal tun sie auch nur so, um vom Warnfarben-Code im Tierreich zu profitieren, wie die Schwebfliege. Wenn Tiere echte Signale aus dem Tierreich nachmachen, um fälschlicherweise die Vorteile zu genießen, nennt man das **Mimikry**.

SCHON GEWUSST?

Auch Pflanzen können anderen etwas vorgaukeln. Manchmal machen sie bestimmte Insektenarten nach, um Bestäuber anzulocken. Die Pflanzen sind manchmal sogar nach diesem Verhalten benannt, zum Beispiel die Bienen-Ragwurz, eine Orchideenart.

⭐ TIPP

Die Blumenfarben, die wir wahrnehmen, schauen für Insekten zum Teil ganz anders aus, da diese UV-Licht sehen können. Manche Blumen glitzern richtig in diesem Licht. Falls ihr selbst eine UV-Lampe zu Hause habt, kannst du diesen Effekt einmal bei Dunkelheit prüfen.

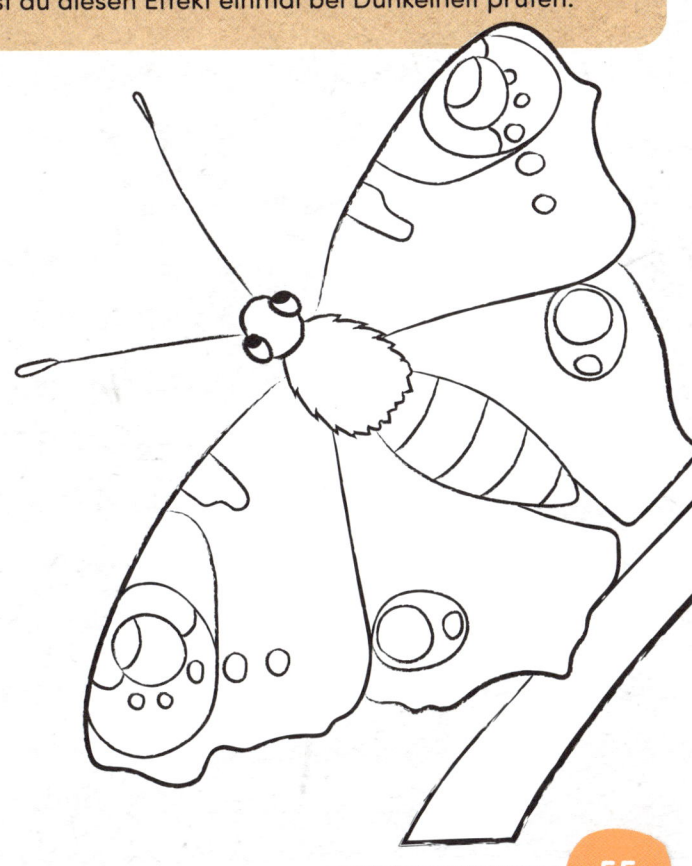

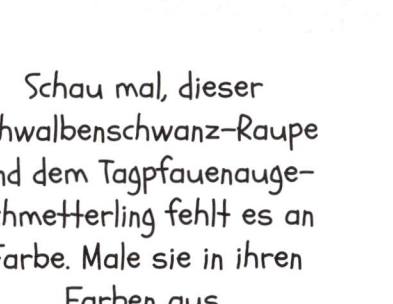

Schau mal, dieser Schwalbenschwanz-Raupe und dem Tagpfauenauge-Schmetterling fehlt es an Farbe. Male sie in ihren Farben aus.

VERLUST DER VIELFALT

ROTE LISTE

Ein großer Teil aller Tier- und Pflanzenarten, die weltweit und in Deutschland leben, sind in verschiedenem Ausmaß bedroht. In Deutschland sind es allein 7.000 Tierarten. Manche haben wir schon verloren, oder wir stehen kurz davor. Gefährdete Säugetiere sind zum Beispiel die große Hufeisennase (eine Fledermaus), der Feldhamster, der Gartenschläfer und der Feldhase. Auf der „Roten Liste" kann man nachlesen, welche Arten bedroht sind.

FLUCHT IN DIE STADT

Wilde Tiere in der Stadt sind etwas Tolles. Es ist schön, dass viele unserer Städte ihnen Lebensraum bieten. Das gilt aber nur für manche Arten, und nun hast du gelernt, dass das Leben in der Stadt auch sehr gefährlich für die Tiere ist. Leider ist das Stadtleben meist eine Flucht, denn vielen Arten auf dem Land geht es gar nicht gut. Alle Tiere, die dir in diesem Buch begegnet sind, leiden in irgendeiner Form unter uns Menschen.

KLIMAWANDEL

Durch den menschengemachten **Klimawandel** erwärmt sich die Erde, und viele natürliche Prozesse, die sich über Millionen von Jahren entwickelt haben, funktionieren nicht mehr. Das beeinflusst Tiere und Pflanzen auf ganz verschiedene Weisen. Zum Beispiel beginnt der Frühling zeitiger im Jahr, und viele Zugvögel kommen so zu spät an, um die Insekten zu finden, die sie für die Ernährung ihrer Küken brauchen.

WAS JEDER TUN KANN:

Eine der Hauptursachen für den Verlust von Lebensraum ist unser Konsum. Zum Beispiel von tierischen Produkten, aber auch von Kleidung und technischen Geräten. Wenn du und deine Familie etwas für das Überleben der Tierwelt weltweit tun möchtet, könnt ihr die folgenden Dinge beachten:

→ Esst kein Fleisch oder nur gelegentlich

→ Verbraucht nicht jeden Tag tierische Produkte wie Milch oder Käse

→ Nutzt eure elektrischen Geräte so lange wie möglich oder kauft Gebrauchtware

→ Denkt immer erst nach, ob ihr etwas Neues wirklich braucht

Der **Klimawandel** ist ein wichtiges Thema, aber er ist eine Folge, nicht die Ursache des Problems: Das Problem ist die **Zerstörung der Natur**, zum Beispiel durch die Landwirtschaft, den Wohnungsbau oder den Gewinn von Rohstoffen wie Holz oder Bestandteilen für technische Geräte.

IM WANDEL

Auch wenn die Zerstörung der Natur durch den Menschen neu ist und sich dringend etwas ändern muss, gab es schon immer Wandel auf der Erde. Denk nur an all die Lebewesen, die es mal gab und von denen wir heute nur noch die Knochen und Versteinerungen finden. Leben ist Veränderung. Ändert sich die Umwelt, müssen sich Arten auch ändern, wenn sie überleben wollen. Diese Anpassung von Arten an ihre Umwelt nennt man **Evolution**.

 **TIPP**

Übrigens verändern sich nicht nur Tiere, sondern auch Pflanzen. Zum Beispiel der Löwenzahn. Seine Pusteblumen haben in der Stadt oft schwerere Schirmchen. So fliegen sie nicht so weit, und die Chance ist größer, auf der Grünfläche zu landen, auf der die Pusteblume wächst, und nicht auf Asphalt. Macht doch mal ein Pusteblumen-Weitpusten und schaut, wie weit die Samen fliegen.

Tiere in der Stadt verändern sich durch den neuen, fremdartigen Lebensraum. Solche Änderungen können vererbt werden oder immer wieder neu gelernt sein. Bei Vögeln lassen sich Anpassungen an die Stadt besonders gut beobachten.

Kohlmeisen, die in der Stadt leben, steigern ihre Ruf-Frequenz. Sie haben ihren Gesang im Vergleich zu den Waldbewohnern verkürzt, singen in höheren Tönen und etwa 22 Minuten früher am Tag.

Auch **Nachtigall** und **Amsel** singen früher am Morgen. Die eher leisen **Rotkehlchen** hingegen weichen mit ihrem Gesang in die ruhigere Nacht aus.

Stadt-Nachtigallen in lärmbelasteten Gebieten singen sogar lauter als ihre Artgenossen. Allerdings nur werktags. An den Wochenenden, wenn weniger los ist, wird wieder leiser gesungen.

Zum Schluss noch ein letzter Tipp von uns: Sei neugierig, verbringe viel Zeit draußen und halte die Augen offen. Dann wirst du nicht nur die Natur besser verstehen, sondern auch sehen, wie fantastisch unsere Welt ist.

Aber nicht alle Vögel schaffen es, gegen den Stadtlärm anzusingen. **Spatzen** können beispielsweise nicht lauter singen. Ob das auch ein Grund für ihren starken Rückgang in der Stadt ist, weiß man nicht so genau.

LÖSUNGEN

S. 10

S. 25

Storch

Schwalbe

Milan

Taube Rabe Turmfalke

S. 12 und 13

Tiere auf dem Land:
Feldhamster, Kiebitz,
Rothirsch, Luchs

Tiere in der Stadt:
Waschbär, Blau-
meise, Wanderratte

S. 32 und 33

Steinmarder Feldhase Ratte

Fuchs

Waschbär

S. 18

Du könntest die Bienen an
alle Lebensmittel außer an
das Brot, die Brötchen, den
Käse, die Eier und die heiße
Schokolade kleben

Igel

Eichhörnchen

Krokodil

Igel

Leopard

Fisch

Gürteltier

Pfau

Schneeeule

IMPRESSUM

Bibliografische Information der Deutschen Bibliothek.

Die Deutsche Bibliothek verzeichnet diese Publikation in der Deutschen Nationalbibliografie.

Detaillierte bibliografische Daten sind im Internet über http://www.dnb.de/ abrufbar.

EIN BUCH DER EDITION MICHAEL FISCHER

1. Auflage 2022

©2022 Edition Michael Fischer GmbH, Donnersbergstr. 7, 86859 Igling

Text: Sophia Kimmig

Illustration: Lucie Göpfert

Covergestaltung, Layout und Satz: Lena Albert

Lektorat: Vera Göckelmann

Bildnachweis: Illustrationen ©Lucie Göpfert: Sticker, Cover, S. 3, S. 4, S. 5, S. 6, S. 8, S. 9, S. 10, S. 13, S. 14, S. 15, S. 17, S. 18, S. 21, S. 23, S. 25, S. 26, S. 27, S. 28, S. 29, S. 31, S. 33, S. 35, S. 37, S. 39, S. 41, S. 42, S. 43, S. 45, S. 46, S. 49, S. 51, S. 53, S. 55, S. 56, S. 57, S. 60, S. 61, S. 62, S. 63; Bildmaterial: ©Manuela Merling de Chapa: S. 7 (Sophia Kimmig); ©Trevor Scouten: S. 19 (Kurzkopfgleitbeutler); Bildmaterial von Shutterstock: ©Alina Prokudina: S. 61 (Spatz); ©Alyce Taylor: S. 13 (Waschbären); ©Alyssa Metro: S. 48 (Blässhuhn in Nest); ©Amit Erez: S. 19 (Bienen); ©Anatoliy Lukich: S. 40 (Storchennest); ©Andre Adams: S. 58 (Weltkugel); ©Andreas Stahre: S. 26 (Meise); ©anitapol: S. 27 (Star, Buchfink, Grünfink, Kohlmeise, Blaumeise, Zaunkönig, Amsel, Goldammer, Rotkehlchen, Singdrossel); ©Anna Carpendale: S. 24 (Spatzen); ©ArCa-Lu: Cover (Blaumeise); ©arjma: S. 26 (Star); ©ArtLovePhoto: S. 41 (Ameise); ©Bachkova Natalia: Cover (Spatz); ©Berbegal Miguel Angel: S. 26 (Amsel); ©Bespaliy: S. 10 (Pflasterkante); ©bibiphoto: S. 10 (Autobrücke); ©Bildagentur Zoonar GmbH: S. 12 (Gans); ©Bodor Tivadar: S. 6 (Pfotenabdrücke), S. 32, S. 33, S. 62 (jeweils Pfotenabdrücke Waschbär); ©Bokstaz: S. 10 (Gehweg); ©Charunee Yodbun: S. 6, S. 17, S. 21, S. 25, S. 31, S. 32, S. 33, S. 35, S. 39, S. 41, S. 45, S. 46, S. 49, S. 51, S. 53, S. 55, S. 62, S. 63 (jeweils Hintergrund rosa); ©clarst5: Cover (Eichelhäher), S. 33 (Marder); ©Claudio Xavier: S. 51, S. 63 (jeweils Gürteltierhaut); ©Coatesy: S. 10, S. 36 (jeweils Igel); ©CRS PHOTO: S. 6, S. 41 (jeweils Vogelnest); ©cynoclub: Cover (Igel); ©Daniel Dunca: S. 13 (Kiebitz); ©dastagir: S. 62 (Baum); ©detchana wangkheeree: S. 25 (Himmel); ©Diyana Dimitrova: S. 40 (Spinnennetz); ©Ecolop: S. 54 (Warnschild); ©Eric Isselee: S. 32 (Eichhörnchen, Fuchs, Igel), S. 33 (Waschbär), S. 41 (Dachs); ©Fabian Junge: S. 51, S. 63 (jeweils Fischschuppen); ©Fir4ik: S. 25, S. 62 (jeweils

Silhouetten Schwalbe, Taube, Rabe, Storch); ©Flas100: S. 11 (Notizblatt); ©frank60: S. 54 (Insekt); ©Gallinago_media: Cover (Schwalbe), S. 20 (Mauersegler); ©Haggardous50000: S. 60 (Meise); ©Harry Collins Photography: S. 10 (Fuchs); ©Henk Bogaard: S. 19 (Kolibri); ©Huza Studio: S. 62 (Haus); ©HWall: Cover (Schmetterling); ©IanRedding: S. 36 (Hornisse), S. 50 (Daune); ©irin-k: Cover (Hummeln); ©Jari Sokka: S. 16 (Hummel); ©Jesus Cobaleda: S. 26 (Drossel); ©JHVEPhoto: S. 23 (Schmetterlinge); ©Jim Cumming: Cover (Fuchs); ©Jody Ann: S. 41 (Biber); ©juefraphoto: S. 10 (Maulwurf); ©Jus_OI: S. 40 (Dachsbau); ©karegg: S. 47 (Übergang); ©Karel Bartik: S. 50 (Ente); ©Ksenia Shestakova: S. 51, S. 63 (jeweils Igelstacheln); ©lberlik: S. 12 (Ratte); ©lourencolf: S. 59 (Getreidefeld); ©Lubomir Novak: S. 6, S. 13 (jeweils Luchs); ©Magnus Binnerstam: S. 40 (Ameisenhaufen); ©Mark Brandon: S. 51 (Fossil); ©Martin Pelanek: S. 19 (Fledermaus); ©Martina V: S. 61 (Häuser); ©Mascarell Drawings: S. 27 (Hausrotschwanz); ©Mathisa: S. 47 (Schmetterlinge); ©Mattz90: S. 7, S. 16, S. 17, S. 20, S. 21, S. 22, S. 24, S. 25, S. 30, S. 31, S. 34, S. 35, S. 38, S. 39, S. 44, S. 45, S. 48, S. 49, S. 52, S. 53, S. 59 (jeweils Notizblatt kariert); ©matushaban: S. 23 (Vogel), S. 61 (Nachtigall); ©Menno Schaefer: S. 12 (Hirsch); ©Michael Schroeder: S. 22 (Schwan); ©Michal Pesata: S. 12 (Hamster); ©Milan Zygmunt: S. 54 (Salamander); ©Miroslav Hlavko: s. 26 (Stieglitz); ©mrhren: S. 41 (Spinne); ©Muddy knees: S. 54 (Schwebefliege); ©nekotaro: S. 19, S. 23, S. 27, S. 32, S. 37, S. 40, S. 47, S. 50, S. 55, S. 60 (jeweils Hintergrund braun); ©Nick Vorobey: S. 26 (Rotschwanz); ©Nicky Rhodes: S. 10 (Rotkehlchen); ©Oleksandr Filatov: S. 52 (Libelle); ©olesya volkova: S. 32, S. 62 (jeweils Pfotenabdrücke Eichhörnchen); ©Olga Maksimava: S. 59 (Feld grün); ©OnD: S. 32, S. 33, S. 62 (jeweils Pfotenabdrücke Hase, Igel); ©P.siripak: S. 44, S. 45, S. 46, S. 47, S. 48, S. 49, S. 50, S. 51, S. 52, S. 53, S. 54, S. 55 (jeweils Hintergrund blau), S. 4, S. 5, S. 10, S. 11, S. 12, S. 13 (jeweils Hintergrund gelb), S. 16, S. 17, S. 19, S. 20, S. 21, S. 22, S. 23, S. 24, S. 25, S. 26, S. 27, S. 62, S. 63, S. 64 (jeweils Hintergrund hellblau), S. 6, S. 7, S. 30, S. 31, S. 32, S. 33, S. 34, S. 35, S. 36, S. 38, S. 39, S. 40, S. 41 (jeweils Hintergrund mint), S. 58, S. 59, S. 60, S. 61 (jeweils Hintergrund rosa); ©Pakhnyushchy: S. 32 (Ratte); ©Palatinate Stock: S. 10 (Gebäude); ©Pand P Studio: S. 59 (Landschaft gezeichnet); ©Pavel K: S. 6 (Pfotenabdrücke Steinmarder), S. 32, S. 62 (jeweils Pfotenabdrücke Fuchs); ©Peter Hermes Furian: S. 30 (Pfotenabdrücke), S. 32, S. 62 (jeweils Pfotenabdrücke Ratte); ©Petr Ganaj: S. 44 (Kröte); ©Petr Simon: S. 22 (Schwalbe); ©photastic: S. 17, S. 21, S. 25, S. 31, S. 35, S. 39, S. 45, S. 49, S. 53, S. 56 (jeweils Notizblatt liniert); ©PHOTO FUN: S. 38 (Ameisen); ©PhotoSky: S. 51, S. 63 (jeweils Krokodilhaut); ©Piotr Krzeslak: S. 30 (Fuchs); ©PJ photography: S. 55 (Orchidee); ©Quinn Martin: Cover (Eichhörnchen); ©Rich Carey: S. 59 (Regenwald); ©Richard Peterson: S. 41 (Maus); ©RudiErnst: S. 48 (laufendes Blässhuhn); ©Rudmer Zwerver: S. 10 (Fledermaus); ©Serg Rajab: S. 41 (Storch); ©SGeneralov: S. 40 (Biberbau); ©Smirnova Galina: S. 61 (Vogel singend); ©Sonsedska Yuliia: Cover (Waschbär); ©stihii: S. 21 (Rauchschwalbe); ©stockmatic: S. 6, S. 19, S. 23, S. 27, S. 33, S. 37, S. 41, S. 47, S. 51, S. 55 (jeweils Glühbirne); ©Tammy Kelly: S. 51, S. 63 (jeweils Pfauenfeder); ©Tatiana Volgutova: S. 34 (Eichhörnchen); ©TigerStocks: S. 51, S. 63 (jeweils Leopardenfell); ©Tohuwabohu1976: S. 47 (Schild); ©unpict: S. 41 (Wespe); ©Vaclav Matous: S. 36 (Dachs), S. 50 (Falke); ©Viktor Loki: S. 40 (Mäusenest); ©Viktorija Reuta: S. 27 (Uhr); ©Vitaly Ilyasov: S. 25, S. 62 (jeweils Silhouetten Turmfalke, Milan); ©Vyacheslav Sakhatsky: S. 60 (Pusteblume); ©WildlifeWorld: S. 61 (Rotkehlchen); ©WildMedia: S. 33 (Hase); ©Wirestock Creators: S. 40 (Wespennest); ©wizdata: S. 51, S. 63 (jeweils Eulengefieder); ©WolfPhotographie: S. 12 (Meise); ©yevgenij11: Cover (Rabe); ©zizi_mentos: S. 61 (Mond und Sterne); ©Zurijeta: S. 10 (Rasenmäher).

ISBN 978-3-7459-1003-2

Gedruckt bei Polygraf Print, Čapajevova 44, 08001 Prešov, Slowakei

www.emf-verlag.de